AF346490

Nouvelle composition
de la Milice parisienne.

NOUVELLE COMPOSITION

DE

LA MILICE

PARISIENNE.

LE général la Fayette ayant été cassé d'une voix unanime, à cause de son sommeil et de son incapacité, sera renvoyé en Amérique, pour y cacher son inutilité et sa fourberie, permis à lui, sous le bon plaisir des états unis, d'y exercer ses petits talens pour l'intrigue. Il sera conduit jusqu'au port de Brest par une sûre garde, dont le commandement sera donné à M. de Favras le fils, M. de Bussy, M. de Bonne-Savardin et M. d'Escars; on croit pouvoir compter sur leur zèle; il sera embarqué sur le vaisseau le monarque, commandé par M. d'Albert de Rioms; le vaisseau, pour cette fois seulement, portera deux

A

pavillons, l'un à l'avant qui sera blanc, avec cette inscription, *Vive le roi* ; l'autre à l'arriere, qui ser aux trois couleurs, avec cette inscription : *L'insurrection est le plus saint des devoirs* ; derriere la poupe il y aura un tableau emblématique où l'on verra M. de la Fayette couché sur le devant, et dans le lointain plusieurs têtes coupées, portées sur des piques par de braves citoyens, avec cette inscription : *Mon sommeil répond de tout*, etc. Madame de la Fayette, avec sa petite famille, suivra le grand général dans une voiture de la cour, attélée de trois mulets.

La garde parisienne sera désormais composée de quatre corps ayant chacun leur chef, leur état major, indépendans les uns des autres, pour la facilité du service, et la plus grande sûreté du public.

Il y aura un cinquieme corps, nommé camp volant des volontaires nationaux, ou enfans perdus de la révolution, que l'on n'emploira que lorsque la chose publique sera en danger. On nommera d'avance aux emplois de l'état major, et l'on publiera promptement les noms des chefs , afin que la confiance qui leur est due , puisse déterminer les gens de bonne volonté.

Pour derniere ressource , il y aura une sixieme troupe qui sera nommée la compagnie des incertains, dont personne ne veut , mais dont tout le monde pourra se servir.

L'armée parisienne aura aussi à ses ordres un cutter toujours armé en guerre , qu'on nommera l'*enragé*. Il y aura un bas-relief derriere la poupe, qui représentera les portraits des douze apôtres de l'assemblée nationale , Mira. Launt. Robs. Merl. Targ. Meno. Ber. Aigl. Chabr, l'ab. Gr. l'ab. Gtt. Le treizieme sera celui de l'év. d'Aut. avec cette inscription : *Les crimes sont la source de la liberté françoise.*

Il sera commandé par M. de Kersaint ; sa station ordinaire sera entre le pont-royal et le pont de Louis XVI. Il fera de tems en tems des croisieres à la vue de Saint Cloud , mais plus souvent à la hauteur de Charanton.

L'équipage sera choisi parmi les mate-

lots patriotes du vaisseau (le léopard).
Comme le service que l'on exigera sera
très-actif, et sur-tout très-périlleux, deux
années de service effectif suffiront pour
être admis dans l'ordre national, qui
bientôt remplacera les misérables livrées
de l'ancien despotisme, ou pour avoir
droit aux munificences de la nation.

On supprimera désormais le mot *royal*
comme anti-constitutionel, il sera rem-
placé par la dénomination de *national* qui
est plus majestueuse et plus digne d'un
peuple libre. Tout corps militaire, tout
établissement qui aura bien mérité de la
patrie, sera autorisé par un décret à la
joindre à son nom distinctif, signe d'hon-
neur et de récompenses.

On attachera à chaque corps ou division un historiogtaphe dont le civisme sera bien reconnu, et qui sera chargé de
transmettre à la postérité les hauts faits et
les bonnes actions des citoyens soldats. et
des soldats citoyens.

On s'occupera très-promptement de l'é-
tablissement d'un hôpital-général national

(5)

lequel sera divisé en autant de salles,
qu'il y a de maladies différentes. Chaque
salle sera surveillée par un commissaire
patriote, ayant sous sa direction une sœur
ou garde qui aura donné des preuves d'un
patriotisme très-actif.

L'armée parisienne aura un envoyé ex-
traordinaire près les tartares-Moluques,
amis zelées de la constitution française ;
et cet emploi de confiance sera donné à
M. le comte de Segur, qui s'est toujours
montré fidele aux bons principes.

PREMIERE DIVISION

Nationale pituite, qui sera composée
des vétérans de la bastille, des invalides
et des vieux citoyens de la capitale.

Uniforme, habit de drap couleur feuille
morte, veste et culotte de drap, couleur de
pissenlit, soulier à la poulaine, bas roulés,
boutons jaunes portant pour N°. 70, dans
le milieu duquel sera gravé le vaisseau de
Paris démâté, chapeau à la Henri IV,
une branche de cyprès au lieu de panache.

Armes, un bâton ferré, surmonté d'une
pique.   A 3

Drapeau mi-parti, jaune et noir, por
tant pour emblême deux béquilles, et
pour devise : Soutien de la Liberté.

Commandant, Jacques Aumont.

Capitaines, Henry Salms, Charles Hesse,
dit le rouge, etc.

Tambour-Major, M. d'Ormesson, con-
trôleur-général, conseiller d'état, chef de
bataillon, et juge du département de Paris.

Porte-drapeau, M. Bailly.

Trésorier quartier mestre, M. le coul-
teux de Molé.

Aumônier, le curé de Saint Eustache.

Historiographe, M. Chesnier.

Vivandieres suivant la troupe,
Madame Necker, madame de Flandre de
Brunville. madame la duchesse de Luynes,
madame la vicomtesse de Laval, madame
Damolé, etc.

Grands-prévôts M. Target et M. Camus.

SECONDE DIVISION.

National-poltron. On y admettra de
préférence les bourgeois de Paris, les pa-

triotes du Palais-Royal et les citoyens ac-
tifs de la place de Grêve.

Uniforme. Habit , veste et culotte de
peau d'ours , une cuirasse et un plastron.

Souliers ferrés , de peur de l'humidité.
Bouton blanc , portant pour n°. 14 juillet ,
dans le milieu duquel seront gravées les
portes ouvertes de la Bastille. Armes , un
fusil, avec sa baïonnette ; deux pistolets
à deux coups , un poignard.

Drapeau mi-parti , noir et rouge , portant pour emblême une lanterne , avec
la dévise patriotique : ça ira , ça ira.

Commandant , M. de Mirabeau l'aîné.

Capitaines, le duc d'Orléans. Cette place
étoit due au sacrifice de tout genre qu'il
a faits à la révolution , mais il sera ré-
formé parce qu'il a passé les bornes.
le duc de Liancourt , M. de la Voestine ,
M. de Silleiy , etc.

Tambour-major , M. de Valence.

Porte-drapeau , le prince d'Henin.

Trésorier - Quartier - Mestre , M. Val-
quiers.

Aumônier , l'abbé Fauchet.

Historiographe , Camille Desmoulins.

Vivandières suivant la division , Mademoiselle de Theroigne de Mericourt.

Catherine Merluche , Marie Graillon , Madame de Staël , Mademoiselle Julie , Madame la marquise de Laval, Madame de la Chatre , Madame la duchesse d'Aiguillon , etc.

Troisieme Division.

National - Trahison qui sera composée des ci-devant Gardes-françaises et de tous les déserteurs de l'armée.

Uniforme. Habit de peau de tigre , veste et culotte de drap couleur de sang . bouton rouge , portant pour numéro 6 octobre, sur lequel sera gravé le carrosse du roi , précédé de deux têtes sur des piques.

Armes. Un sabre Turc , un poignard à la maniere des Tartares et les autres armes ordinaires de l'infanterie.

Drapeau rouge bleu et noir , sur lequel sera représenté un trône renversé, et pour devise *ni foi, ni loi, ni roi.*

Commandant, Charles Lameth.

Capitaines, Alexandre Lameth. le prince de Broglie, le vicomte de Beauharnois, de Gouy d'Arcy, le vicomte de Noailles. etc. etc.

Capitaine des sapeurs, Nicolas coupe-tête.

Tambour-major, le duc d'Aiguillon-

Porte-drapeau, M. de Menou.

Trésorier quartier-mestre, La borde de Merville.

Aumonier, l'abbé Grégoire.

Historiographe, Marat.

Vivandieres suivant la division, Madame Charles Lameth, madame d'astorg, madame de Valence, madame la baronne d'Escars, la princesse de Broglie, la marquise de Coigny, la reine de Hongrie, etc.

Grands prévôts, M. Voidel, M, Duport.

MUSIQUE.

Premier fifre , M. Barnave.

clarinette , Barrere de Vieuzac.

trompette , M. Bouche.

cimbale , Bengala negre de M. le duc D'orléans.

basson M le marquis de Villette.

corps de chasse , M. Merlin

QUATRIEME DIVISION.

NATIONAL-BONBONS , qui sera composé de tous les enfans des bons patriotes.

UNIFORME, habit de drap merde d'oie, veste et culotte , couleur caca-dauphin , des bottes à la houzarde.

ARMES. un petit fusil avec sa baïonnette , drapeau gris lisseré de rouge portant pour emblême une poupée décapitée et pour devise L'ESPOIR DE LA NATION.

commandant , Mathieu de Mont-morency.

capitaines , Adolphe de Beauharnois ; fils du danseur , César Ducrest , le duc de Montpensier.

Tambour - major , Scipion negre de M.
le duc d'Orléans.

Porte-drapeau , Hilarion de Barbantane.

Trésorier - quartier - mestre surveilleur
M. le comte de la Touche.

Aumonier , l'Evêque d'Autun.

Historiographe , le pere Duchesne.

Capitaines inscitateurs , le chevalier Do-
raison , M. de la Clos , etc.

Institutrice , Mde. de Sillery qui prouve
tous les jours , qu'elle est également
propre à former des hommes , des petits garçons et même des filles , qui est
si connue par ses grands moyens et par
la multiciplité de ses talens qui a bien
mérité de la nation en dirigeant patrio-
tiquement les vues , les projets et les sen-
timens de son trè-infidele amant , mais
très-fidele serviteur du duc d'Orléans et
sur-tout en donnant à ses enfans l'édu-
cation la plus civique.

Berceuse , madame de Montesson.

Vivandieres attachées à la troupe ,
Mlle Rousseau , Mlle de Cercé , Mlle
Pamela , Mlle de Montaut , etc.

Grand prévôt , Garat l'aîné.

Cinquieme corps

Camp volant des volontaires nationaux ou enfans perdus de la révolution dans lequel seront admis tous les amateurs de la constitution et particulierement les agioteurs de la rue Vivienne , et les marchands d'argent.

Uniforme, celui de colonel général hussards.

Drapeau rouge et pour devise *panem et circem.*

Commandant , M. Dumas

Capitaines , Joseph de Broglie , le duc de Levy , M. de Chabot , M. de Courtaumer , M. de Perigny , le comte François de Jaucourt , M. Artur Dillon , etc.

Capitaines de sapeurs , le comte de Potoski.

Tambour-major , M. Herault de Séchelles.

Porte-drapeau , M. de Pons, fils de l'intendant.

Trésorier-quartier-mestre , M. Amelot de Chaillou.

Aumônier, l'évêque d'Orléans.

Historiographe, M. de la Harpe, **M.** de Champfort.

Vivandieres suivant la division, Madame de Castellanne - Jarnac, Madame la duchesse de la Rochefoucault, la prin-cesse de Holerne-Solerne, etc.

Grands-Prévôts, M. Roberspierre, **M.** Péthion de Villeneuve.

Trompette, M. de Girardin d'Ermenonville.

SIXIEME CORPS.

Compagnie des incertains.

L'habit sera à volonté.
Drapeau bleu changeant.
Commandant MONSIEUR, frere du Roi.
Capitaines, M. de Laly, le chevalier de Boufflers, M. de Clermont - Tonnerre, M. Malouet, le prince Emanuel de Salms, le Maréchal de Beauveau.

Historiographe, M. Mounier.

Vivandieres suivant la division, la prin-cesse de Bouillon, la maréchale de Beauvau, Madame de Gouvernet. Les autres emplois sont réservés pour ceux dont l'incertitude sera bien reconnue.

HÔPITAL GÉNÉRAL NATIONAL.

Chirurgien-major, le duc de Chartres.
Anatomiste pour la partie des têtes, M.
Guillotin.

Salle où l'on traitera l'ancien mal français.

Commissaire - Inspecteur , le docteur
Saiffer.
Sœur de l'hôpital , Madame la princesse
de Lamballe.

Salle où l'on traitera le moderne mal
français.

Commissaire , M. de Castellane.
Sœur de l'hôpital , Madame Dubourg.
D'après une consultation faite par les
plus habiles médecins de l'Europe , signée
par les quatre premiers professeurs de la
faculté, Léopold , Frederic II, Amédée ,
Charles IV , etc. leur secrétaire, Bender,
il est décidé que cette maladie épidémi-

que , inconnue jusqu'à nos jours , et dont les symptomes sont effrayans , ne peut se guérir que par des bains de mer , précédés de quelques saignées , etc. d'un long régime tempérant.

Chapelains de l'hôpital pour les juifs , M. Emery.

Pour les protestans , M. Rabaut de Saint-Etienne.

Pour les ci-devant catholiques , l'abbé Gouttes.

Apothicaire , M. Paillés , ci-devant attaché à la pharmacie du ci-devant roi de France.

Garçons de salle balayeurs , de Tracy, Delbecq , l'évêque de Rodez , cardinal de Brienne , de Croix , d'Agoult , de Villiers , etc. etc. etc.